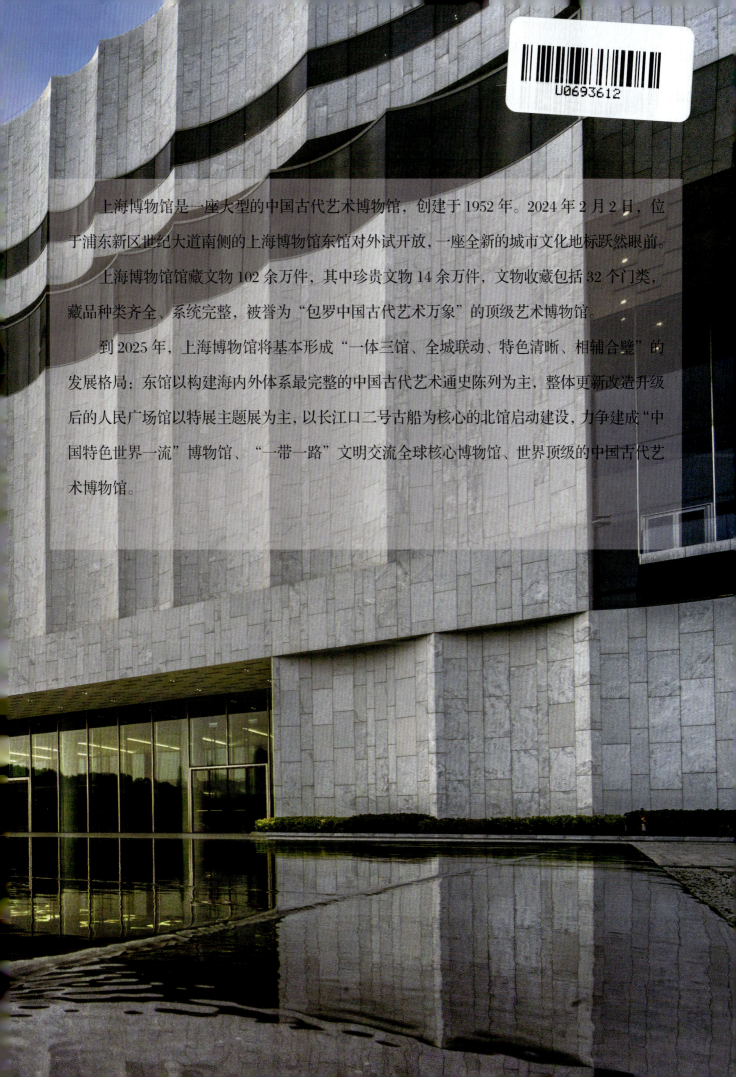

上海博物馆是一座大型的中国古代艺术博物馆，创建于1952年。2024年2月2日，位于浦东新区世纪大道南侧的上海博物馆东馆对外试开放，一座全新的城市文化地标跃然眼前。

上海博物馆馆藏文物102余万件，其中珍贵文物14余万件，文物收藏包括32个门类，藏品种类齐全、系统完整，被誉为"包罗中国古代艺术万象"的顶级艺术博物馆。

到2025年，上海博物馆将基本形成"一体三馆、全城联动、特色清晰、相辅合璧"的发展格局：东馆以构建海内外体系最完整的中国古代艺术通史陈列为主，整体更新改造升级后的人民广场馆以特展主题展为主，以长江口二号古船为核心的北馆启动建设，力争建成"中国特色世界一流"博物馆、"一带一路"文明交流全球核心博物馆、世界顶级的中国古代艺术博物馆。

上海博物馆

扫一扫
云游三维全景线上展厅

扫一扫
下载APP观看AR藏品

镇馆之宝

撰写　凌瑞蓉
主编　褚晓波
图片由上海博物馆
正版授权　上海博物馆
编著

中国古代青铜

青铜器是中国古代社会重要的物质文化，通常用于祭神享祖、礼尚交往、宴飨（xiǎng）宾客等礼仪活动，故被称作礼器。不同身份的贵族拥有与他们地位相称的礼器。青铜器是当时维护统治、强化政权的必要工具，也是权力的象征。

上海博物馆是收藏中国古代青铜器最丰富的博物馆之一，拥有各个时期各种器类的青铜器近7000件，不仅体系完整、器物精美，而且还有一批屡见著录、流传有绪的国宝重器。

镇馆之宝

大克鼎

大克鼎铸造于公元前10世纪末的西周时期，距今已有3000多年了。其形制威严厚重，是重要的西周青铜器之一，清代末年就与大盂鼎和毛公鼎并称为"海内三宝"。

大克鼎口部微敛，方唇宽沿，上有粗壮大立耳，腹部略鼓而呈下垂之势，器壁厚实，下置蹄形足，形制厚重，造型上充分表现出青铜鼎威严庄重的礼器特征。

整体纹饰线条凹凸、峻深，风格粗犷、质朴、简洁。商代晚期以来所形成的华丽、繁缛的青铜器装饰风格完全消逝，这种巨变反映了当时社会政治、经济和文化的变革。

口沿下装饰三组变形兽面纹。

腹部宽大的波曲纹婉转流畅，富有节奏感，是西周中期新出现的装饰纹样。
波曲纹的出现改变了商代晚期神秘兽面纹的装饰特点，体现出清新朴素流畅的新装饰风格。

蹄足上部装饰浮雕兽面纹。

每组变形兽面纹之间和足部的兽面纹鼻梁皆设宽厚的扉棱。

资料卡	
高	93.1cm
口径	75.6cm
重	201.5kg
制作时间	西周

铭文写了什么？

　　大克鼎铭文记载了作器者为"克"，是管理周王饮食的官员，周王授予克的职责是传达王的命令。

　　铭文内容分为两段，第一段为克颂扬其祖师华父有谦逊的品质、宁静的性格和美好的德行，周王念其辅协周室的功绩而奖赏克，任命克为出传王命、入达下情的宫廷大臣。第二段则详细记载了周王册命克的仪式以及克任膳夫（即《周礼》记载的宫廷厨师长）以来受王赏赐的奴隶、田地等。是研究西周社会政治、经济的重要资料。

鼎腹内壁铸铭文28行290字，铭文字大工整，端正质朴，格局严谨，笔画均匀遒劲，形体舒展端庄，是西周金文书法艺术中的皇皇巨篇。

大克鼎是如何发现的？

　　大克鼎于清光绪年间在陕西省扶风县法门寺任村出土，具体出土的时间不晚于光绪十五年（1889）年初。同出者还有形制、纹饰相同的小鼎七件，及镈（bó）、钟、盨（xǔ）等，皆为克所作之器，因此习称大鼎为大克鼎，小鼎为小克鼎。

　　大克鼎出土后不久即为当时的工部尚书，著名的金石、书画、古籍版本收藏家潘祖荫所得。潘祖荫去世后，大克鼎等由其弟潘祖年运回苏州老家收藏。

保卫大克鼎的故事

　　1937年，抗日战争全面爆发，主持潘氏家事的潘达于女士率家人将包括大盂鼎、大克鼎在内的家藏文物深埋入土。苏州沦陷后，潘家虽多次遭到日军搜查劫掠，所幸大克鼎始终没被找到。

　　新中国成立后，时已迁居上海的潘达于女士"窃念盂克二大鼎为具有全国性之重要文物，亟（jí）宜贮藏得所，克保永久"，慨然决定无偿捐献大克鼎和大盂鼎等给国家。1952年上海博物馆成立，大克鼎从此成为上海博物馆"镇馆之宝"。

兴父乙觥

商代晚期 | 长 31.5cm 高 29.5cm 重 4.8kg

　　觥（gōng）为盛酒器。此觥器形特别，由盖、身、鋬（pàn）和圈足等几部分组成，集多种动物纹样于一身，是造型艺术与实用功能完美结合、形神兼备的青铜艺术珍品。整体纹饰舒朗传神。

　　器盖与器底部均有族徽铭文，是兴这个家族为父乙所作的祭器。

盖后端为牛角兽面纹，双耳翘出于器表，异常传神。

（见微知著）圈足上的凤纹简洁优雅。

觥体周身饰凤纹，腹部两侧的大凤鸟纹华美大气，长冠飘逸，昂首伫立，凤爪置于圈足。

快看！ 小龙两侧为长冠凤纹。

快看！ 龙角，兔耳。

器盖前端头部为抽象动物组合，龙角、兔耳，额顶至中脊浮雕一小龙，长体卷尾。

鄂叔簋（guǐ）

西周早期 | 高 18.7cm 口径 18.2cm 重 3.9kg

　　折沿方唇，浅腹，腹部圆曲内收，外侧均匀安置四个兽首半环耳，兽耳下有长方形垂耳。口沿下四组火纹与四兽首龙纹耳相间，火龙纹主要盛行于商末周初。圈足饰夔纹组成的兽面纹，方座台面四角装饰有牛头纹，四壁有对称凤纹。

高圈足下连铸一方座，方座内设一小半环，环上系铜铃，稍稍振动就能发出清脆悦耳的铃声。

日积月累

　　簋腹内底铸铭文"噩（鄂）叔乍（作）宝尊彝"六字，鄂国主要在今湖北随州与河南南阳地区，是商周时期很有影响力的诸侯大国，可惜史册仅有只言片语，未有明确记载，因而长久不为人知。随着大量带有噩侯等铭文青铜器的出土，鄂国历史重现于世。

小臣单觯

西周早期 | 高 13.8cm 重 0.75kg

快看
被铭文加持的重要文物。

这件小臣单觯（zhì）器形小巧、纹饰简单，却靠铭文加持，成为重要文物。它的铭文不长，"王后坂克商，在成师，周公赐小臣单贝十朋，用乍（作）宝尊彝"，记述了周成王时周公平定商纣王之子武庚引起的"武庚之乱"，印证了史书之记载，为学术界所重视。

[◎] 见微知著

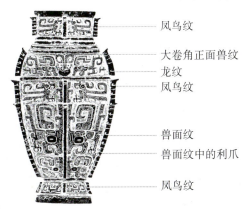

- 凤鸟纹
- 大卷角正面兽纹
- 龙纹
- 凤鸟纹
- 兽面纹
- 兽面纹中的利爪
- 凤鸟纹

倗（péng）生簋

西周恭王时期 | 高 31cm 重 8.9kg

器形庄重典雅。上盖隆起，有圆形抓手。侈（chǐ）口，鼓腹较浅，圈足外撇，下置方座。器身两侧饰龙形耳，尾端向外卷起。盖缘、颈部及方座沿边各饰不同的火龙纹，盖上部、器腹部及方座中间饰有规律的直条沟纹，圈足饰火纹和四瓣目纹。

此器又名格伯簋，传世共三件，另两件无盖，分藏于中国国家博物馆、故宫博物院。对照三器铭文，完整应共83字。本器铭文8行79字，记载正月癸巳日，格伯得到倗生的四匹好马后，给了倗生三千亩良田，然后剖券作为协议的凭证。这篇铭文是西周时代贵族间进行土地与实物交换的宝贵资料。

兽角、龙尾等处耸出器表，正面下方有一兽首鋬。

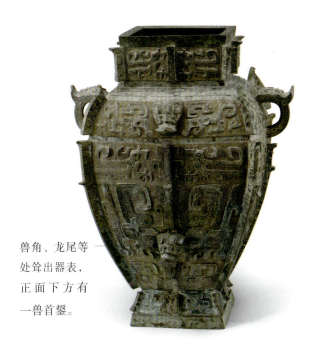

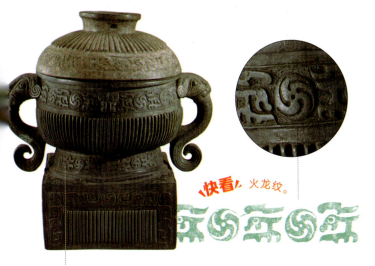

快看 火龙纹。

四瓣目纹。

亚寏（fù）方罍

商代晚期 | 高 55cm 重 30kg

罍（léi）是流行于商代晚期至西周中期的大型容酒器，商代晚期是中国青铜工艺的鼎盛期。这件罍雄奇厚重，精美瑰丽，是典型的"三组满花器"，代表了鼎盛时期青铜铸造工艺的最高水平。

方体，方口，直颈圆肩。肩部两侧各有一兽首，正背两面各有一浮雕兽首。鼓腹，腹壁斜收，正面下方有一兽首鋬，方圈足外撇。颈、腹、足上均有八条纵向扉棱。全器纹饰以极细丽的云雷纹为底纹，自上而下装饰六层浮雕状的花纹。凸出的纹饰以各种阴线为装饰，透露出狞厉神秘之美。

牺尊

春秋晚期 | 高 33.7cm 重 10.8kg

尊作水牛形，颈及背上设三穴，中穴尚存可容酒的釜形器，两旁为空穴，三穴盖已失。牛腹中空，可以注入热水，作为温酒器使用。牛首、腹部、臀部及四肢上部都装饰有兽面纹，这些重复出现的纹饰使用了印模技术。

牺尊是上海博物馆的镇馆之宝之一。牛的鼻穿表明它是驯养牛，属中国畜牧最早的实物资料之一。整器为水牛状，反映当时山西地区的地理环境比现在潮湿。

印模技术是当时先进的青铜工艺，比陶范手工雕刻更为简单快捷，可批量生产。1962年山西侯马铸铜遗址中出土了大量陶范，可以作为印证。

子仲姜盘

春秋早期 | 高 18cm 口径 45cm 重 12.4kg

这是春秋早期晋国一位大师为夫人仲姜制作的盘。盘上有32字铭文，寓意祈求长寿。

整器风格质朴浑厚，圈足下置三只立体爬行猛虎，虎身侧面与圈足边缘相接。盘壁两侧高耸一对宽厚的附耳，其外侧装饰有云纹。盘的前后各攀一条立体曲折角龙，龙头耸出盘沿，曲体卷尾，攀缘于盘腹之外壁，作探水状。这件盘内部装饰有31件水生动物，其中11件圆雕水鸟、青蛙、鱼等都可360度旋转，铸造技术非常高超。

盘为古代承水器，用于盥洗，宴前饭后要行沃盥之礼。可以想象，使用者在盥洗时，水从手上流下，冲击到盘内的小动物上，这些动物随机不停旋转，奇妙悦人。

▌ 日积月累

小动物们为什么会转动？

子仲姜盘上鱼和鸟的转轴结构相同，突棱和泥芯组成卯口，限制了鱼和鸟的偏转运动。

盘上的蛙与其他动物不同，它有一个蘑菇头，防止被拔出来。蘑菇头的下面有一个圆柱体，所以蛙旋转时，有左右的轻微摇摆。

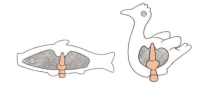

凸棱

泥芯

镶嵌狩猎纹豆

春秋晚期 | 口径 17.5cm
高 20.7cm 重 1.8kg

　　有盖，盖上有圆形抓手。口部微敛，鼓腹圆底，腹部两侧有环耳，下设高圈足。全器满饰奔跑腾跃的猛兽和张弓持剑的猎者，以红铜镶嵌，是当时的新技术。用狩猎纹作为青铜器纹饰的题材是春秋晚期新出现的尝试，摆脱了以往青铜器纹饰的图案化特征和神秘化色彩，更加贴近自然和生活，也是中国古代绘画艺术在青铜器上的反映。

商鞅方升

战国晚期 | 全长 18.7cm
容积 202.15ml 重 0.7kg

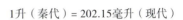

1升（秦代）= 202.15毫升（现代）

　　方升为长方形有柄量器，器壁三面及底部均刻铭文。器外壁刻铭文75字，记载秦孝公十八年（前344），大良造鞅颁布标准计量器，以"十六又五分之一立方寸为一升"。"大良造鞅"即指商鞅，该器物因此得名。

　　商鞅方升刻铭详尽，标称值明确，器形完整，制作精良，是战国至秦汉容量、长度单位量值赖以比较的标准，是秦统一六国后造量器的标准器具。作为国宝级文物，商鞅方升是中国度量衡史上不可不提的标志性器物，是研究秦国量制的极重要资料。

镶嵌狩猎纹豆纹饰
局部拓片

吴王光剑

春秋晚期 | 全长 77.3cm 重 1kg

　　剑格装饰变形兽面纹，镶嵌物已脱落。剑茎与剑体分铸，剑茎近剑首部设有一孔，茎部有填物，尚保存两块，每块填物内呈弧形，与剑茎完全吻合。外径今剑首处稍粗，表面设一条横向沟槽。剑体铭文鸟虫书，共2行8字"攻吴王光自作用剑"。时隔2000多年，此剑依然锋利。

吴王夫差鉴

春秋晚期 | 高 44.9cm 口径 75cm 重 63kg

　　鉴是大型水器，也可盛冰，当冰鉴用。这件鉴大口束颈，有肩，腹部略为鼓出且向下收敛，底平。器物两侧各有一条龙，噬咬鉴口做探水状，颈、腹均饰繁密交龙纹，龙的躯体彼此交缠在一起，作蟠（pán）旋状。这类纹饰盛行于春秋、战国之际，以印模法铸成。鉴内壁有铭文2行13字，可知它的主人是吴王夫差。

快看！
做探水状的龙。

日积月累

　　吴王光就是吴王阖闾（hé lú），是吴王夫差的父亲。吴王光、吴王夫差父子与越王勾践是春秋末期吴越争霸的主角。

挥动麈尾的阮籍

捧杯回首的刘伶

半壁江南书画

　　上海博物馆的书画收藏，素有"江南半壁"之誉。馆内收藏有多件书画名家的孤本，填补了中国古代美术史研究的许多空白。其中唐代孙位的《高逸图》卷，是传世可信的极少数唐画中的精品，为晚唐人物画的研究提供了重要资料。馆内书法藏品亦极丰富，拥有众多历代名家的精品力作，从东晋的王羲之到唐代的怀素，北宋的米芾（fú）、苏轼，元代的赵孟頫（fǔ），明代董其昌等，可谓应有尽有。

　　上海博物馆明清书画藏品，相得益彰，可以合成一部较完整的中国明清书画史。

镇馆之宝

唐孙位
《高逸图》卷

　　这是唐代孙位唯一存世真迹，为《竹林七贤图》残卷。竹林七贤是魏晋时期的七位名士，此卷仅剩四人，图中各种器用符合晋、唐之式，特别是人物的衣冠服饰，较真实地反映了晋人的生活风貌。

画中的"魏晋风度"

竹林七贤的构图不是孙位独创，画家的独到之处在于对高士们"魏晋风度"的把握与呈现。《高逸图》以工笔重彩绘成，人物衣纹线条以铁线描为主，间杂兰叶描，白粉的敷染呈现出丝织品柔软透明的特殊质感。画面色彩丰富，历经千年依旧鲜艳灿烂。

零而不散的构图方式

四高士占据画面主要位置，与身边仆从以及背景树石相较明显高大，这是古代画家为突出主要人物所常采用的比例关系。四高士之间以树石相隔，而共同的精神气质贯穿全卷，这种零而不散的构图布局方式为中国传统绘画独有。

这种图式可与南京西善桥出土的南朝画像砖相关联。

兰叶描

由吴道子首创，即运笔中时提时顿，产生忽粗忽细、形如兰叶的线条来表现衣褶，有飘动之势，人称"吴带当风"。

铁线描

中国画运用工笔的一种技法。线条细密，刚劲有力，形如铁线。

南京西善桥出土的南朝画像砖

纯熟的山石画法

中国画中最早成熟的是人物画，山水画则是从人物故事画的背景慢慢发展而来，《高逸图》显示出勾画山石、树木的技法在唐末已经达到了相当成熟的境地。画中的湖石并不写实，而更具装饰意味。细紧柔劲的线条勾勒出山石轮廓，不是简单的勾线而是用渲染和皴擦手法描绘出纹理，有阴暗面，有转折，生动再现了太湖石玲珑通透的质感和孔洞的各异形态。

资料卡	
材质	绢本 设色
纵	45.3cm
横	169.1cm

五代　董源《夏山图》卷

绢本　设色 | 纵49.4cm　横313.2cm

　　董源在南唐中主李璟（jīng）时任北苑副使，所以人称"董北苑"。南唐定都金陵（今南京），董源所画就是金陵地区的丘陵风貌。与范宽、李成描绘的北方山岳、太行地区拔地而起的高峰很不相同，南方山石多缓缓起伏，以土质为主，即便有石，其上也多覆盖泥土，相对软而蓬松。面对这种自然风貌，董源从中提炼出一种新的笔墨语汇——外围毛茸茸的"披麻皴（cūn）"，这种皴与雨点皴、斧劈皴相比较，没有后两者的阳刚之气。"披麻皴"似有若无、虚怀若谷，符合文人的趣味，米芾称董源绘画"平淡天真""一片江南"。

披麻皴

描绘的山石是横向延展的，略显潮湿，柔和而平易近人。

《夏山图》局部

斧劈皴

运笔顿挫曲折，如刀劈斧砍。

《万壑松风图》局部

芦雁是宫廷画师代笔或临摹，四只芦雁在芦草蓼花边栖息，以浅赭设色，增强了秋天萧疏的气氛。

柳鸦是宋徽宗赵佶亲笔所绘，鸦的头顶和腹部施以白粉，鸦身敷浓墨，黝黑如漆，柳树的斑驳老干，富有质感。

画时以逆笔中锋画出垂直的短线，密如雨点。

《溪山行旅图》局部

北宋 赵佶《柳鸦芦雁图》卷

纸本 设色 | 纵34cm 横223.2cm

赵佶即宋徽宗，靖康之难后与其子钦宗赵桓及后宫千人为金兵俘虏，终而亡国。作为帝王，宋徽宗不善治国。而作为自身才能很高的艺术家，在他统治期间，宫廷画院得以极大发展，画家地位提升。他所组建的翰林图画院，其编制、创作活动、晋升最为正规。图画院专门设立画学，画家可身挂佩玉，和士大夫一样在宫廷进出，俸禄很高。

以宋徽宗署名的传世画迹可分为三种：一是亲笔画——御书、御画；二是御题画——画作由宫廷画师所作，徽宗题诗、署款；还有一种，是以其名义创作的作品。此卷画作上的"天下一人"即是宋徽宗的花押符号。目前传世宋徽宗作品有二三十件，其中真正由宋徽宗亲笔画的也就三四件而已。

日积月累

如何判定徽宗亲笔？

之所以判定柳鸦部分是徽宗亲笔，是因为作为帝王本人，他没有这样的功力与耐心像宫廷画师那样，作画工笔重彩、精致而面面俱到，而是带着相当的写意成分。画中柳条中锋用笔，如此饱满的线条乃画工所不及。这样"如锥画沙"的线条，有鼓起来的张力，必须要有相当的书法功力，这一点在徽宗的瘦金体书法里可见。柳鸦的墨彩很酣，笔势很壮，总体上相当符合宋徽宗本人的艺术修养。

宋徽宗

五代 《闸口盘车图》卷

绢本 设色 | 纵 55.3cm 横 119.2cm

　　《闸口盘车图》卷是10世纪中叶的风俗画杰作，此图主体写实性很强，以界画手法描绘水磨作坊，再现了官方磨坊的整个工作流程，展现了当时的生活和风俗。整个画面内容非常丰富，场面宏大，人物繁多。50余人穿梭其间，或磨面扛粮，或行乐饮酒，熙熙攘攘，雍雍穆穆。

　　图中的生产工具与《天工开物》的记载十分吻合，不过，相比《天工开物》，《闸口盘车图》要早了五六百年。此图是对当时人们生活的实际记载，是一曲对劳动的赞歌，也是后人认识历史的重要形象化资料。

见微知著

❶❷ 画家并没有呆板地描绘官方磨坊的工作流程，而是在画面右下方独具匠心地增添了一座酒楼，酒楼前方又绘一幢彩楼。与之遥相呼应的则是左上方磨坊中的一间小亭，磨坊管理层正在其间饮酒。

❸ 麦子收割后，通过水路运输进入磨坊，而后还有晾晒、粉碎、装袋等诸多具体环节。

北宋 郭熙《幽谷图》轴

绢本 水墨 | 纵 168cm 横 53.6cm

郭熙声名显赫的重要原因之一是他留下的一部山水画论著《林泉高致》，书中提出了著名的山水画"三远法"理论："山有三远，自山下仰山巅谓之高远，自山前而窥山后谓之深远，自近山而望远山谓之平远。"即高远、深远、平远的山水画构图规律。《幽谷图》属于高远构图，描绘了中国北方山水风貌。此画为北宋秘府旧藏，著录于《宣和画谱》。

📷 见微知著

画面表现雪后深涧中的雄奇之景，皑皑白雪覆盖之下，山岩峻峭，谷口幽深。

山下清泉从岩石中奔涌而出，山间老树枯枝虬曲、盘根错节，冬日冷冽清寒之境扑面而来。

日积月累

李郭

北宋时期山水画大兴，李成和范宽是北宋初期山水画家的代表。而郭熙工画山水寒林，宗法李成，善于总结经验，探索画理，在艺术实践和绘画理论方面都取得了成就，与李成并称"李郭"。

郭熙

郭熙以其典型的卷云皴，圆笔的用笔方式，细腻地勾画出山峦形态，形成既深邃真实又带感情色彩的图景。

卷云皴：所画山石的形态、笔墨仿佛云气涌动。

圆笔：下笔时不使笔锋分散，写到末尾，不顿不折，一驻即收，笔画圆润秀逸。

北宋 王诜《烟江叠嶂图》卷

绢本 设色 | 纵 45.2cm 横 166cm

此图为北宋驸马都尉王诜（shēn）所作青绿设色山水。画中场景犹如海上仙山，诗意梦幻，大江迷蒙浩渺，奇峰耸秀，溪瀑争流，云气吞吐，草木丰茂。笔法以墨笔勾皴与青绿渲染结合，清雅富丽。王诜继承了唐代李思训的青绿山水和北宋初年"李郭"的山水画风，创造出一种新的风格。水墨勾皴，墨线勾云，山石施以青绿，将唐人的古朴和宋人的精密融成一体，开创出青绿山水的新格调。

在北宋一批大山大水的山水画中，王诜的《烟江叠嶂图》加入了更多的想象成分，以虚带实，烟波浩渺，与南宋抒情小品有些相似，没有具体所指的地方，是一种"野渡无人舟自横"的诗意体现。

元　钱选《浮玉山居图》卷

纸本　设色 ｜ 纵 29.6cm　横 98.7cm

◉ 见微知著

❶ 将山势走向置于横带状的中景部位，远山近树同样实实在在地描绘，无虚实之分。

❷ 以图案化的概括手法构筑山形，山之沟壑也纵横有致，树木的造型亦与此相谐，使人有如观假山之感，强化了古拙的装饰意趣。

元代是中国绘画重要的转折期，文人成为作画的主流人群，画家的文化程度较之前朝有所提高，更重视画中笔墨韵味和画面诗意。钱选的山水画存世不足五件，《浮玉山居图》无可取代的地方在于它与流传较广的《山居图》（故宫博物院藏）风格大不相同。此图画法独特，构图别致，既不似北宋的大山大水，也不似南宋的边角小景，也非一般的平林远山。

画上有钱选自作五言诗，卷后还有黄公望、倪瓒（zàn）等元代名人题跋，足证此画重要且可靠。钱选在自己诗中言所画为水中山景，反映出一种"招隐"情怀，营造的是一片远离世俗的天地。这是元代文人绝意仕途、寻找心灵寄托的重要表达方式。

元　倪瓒《渔庄秋霁图》轴

纸本　水墨 ｜ 纵 96.1cm　横 46.9cm

倪瓒是江苏无锡人，倪家为江南豪富，家筑"清闳（bì）阁""云林堂"等，收藏书画极多。倪瓒自幼饱览经史，工诗文，善书画，谙熟音律，前半生过着富裕而风雅的名士生活。元末动荡，散家财，弃家隐遁于太湖。此后20多年，或寄居佛寺，或以舟为家，但仍勤于书画，以寄情怀。这种跌宕起伏、漂泊江湖的生活经历，加之孤傲的性格，使他突破前人成法，别开生面，在中国绘画史上确立了自己的风格，与黄公望、王蒙、吴镇并称"元四家"。

此图自题五言诗一首并跋，可知为画家55岁时所作。画面选取自然景色中的一段，构思奇特，描写了秋季晴日的山光水色。

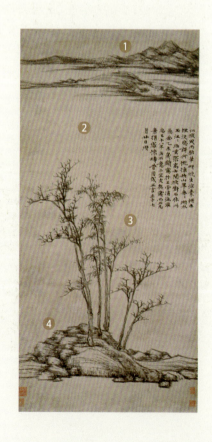

◉ 见微知著

❶ 远景山脉连绵起伏。

❷ 中景水面浩荡。

❸ 近景小丘山石精心皴擦，笔墨松灵，其上植嘉树六株，参差有姿。

❹ 树阴下的坡石上，以富有层次的墨色点缀丛杂滋生的苔藓，从墨色的浓淡深浅中反映出坡石的阴阳向背，给人以耐人寻味的盎然野趣。

明 陈洪绶《斜倚熏笼图》轴

绫本 设色 | 纵 129.6cm 横 47.3cm

　　陈洪绶是全能艺术家，人物、山水、花鸟样样精通。他的作品有一种继往开来的时代风气，既继承了古代人物画的传统，又创造了延续至今的新艺术观念，以"高古奇崛"的独特风格居晚明画坛翘楚。《斜倚熏笼图》是陈洪绶的代表作，体现了他独创的仕女画样式的典型特征。设色艳丽而不失清雅，人物、珍禽、花卉、器物等均刻画入微，静中寓动，灵活有趣。构图、笔墨、色彩、意境无不令人赞叹，是陈洪绶人物画精品之作。

日积月累

南陈北崔

　　明末清初出现了几位有独特个性的画家，"南陈北崔"是其中的佼佼者。崔之忠生活在今北京地区，陈洪绶是浙江诸暨人。这两位大画家在明末对人物画的发展做出了巨大贡献，自他们起，中国画中的人物造型与以前有了很大的不同。

见微知著

一位斜倚熏笼的女子坐于榻上，斜斜望向右上方的鹦鹉。

① 仕女身披的锦被上布满白鹤团纹。

② 发上的首饰与宫绦上的玉佩呼应。

③ 榻面浓丽冷艳的石青色与鹦鹉、叶子上的浅绿色辉映。

④ 器物上深浅不一的赭色。

前方侍女低头注视。

榻前有小儿扑蝶，
花朵与小儿衣服上
的浅红色呼应。

东晋　王献之《鸭头丸帖》卷

绢本 ｜ 纵 26.1cm　横 26.9cm

　　此帖为王献之书与友人的一通信札，"鸭头丸"是一味利尿消肿的丸药。彼时人们互通信札已是寻常事，然因其为王献之所书，此帖便显得不同寻常。

　　《鸭头丸帖》运笔熟练，笔画劲利灵动，风神散逸，是一幅不拘法则而又无处不存在法则、妩媚秀丽而又散朗洒脱的草书精品。

—— 日积月累 ——

王献之

　　王献之书法先承其父"书圣"王羲之，后师张芝，行笔流畅舒展，结体妍美自然。后世将他们父子二人合称"二王"。王献之善楷、行、草，楷书体势开张，气峻韵和；行、草书笔法灵动，纵逸豪迈，饶有气势，对后世产生很大影响。

唐　怀素《草书苦笋帖》卷

绢本 ｜ 纵 25.1cm　横 12cm

　　《苦笋帖》为怀素的代表作，草书二行："苦笋及茗异常佳，乃可径来。怀素上。"十四字书法俊秀，墨彩如新，草、行间出，蕴真于草，笔法精妙，用笔圆转灵动，藏正于奇，笔势左揖右让，疏密有致。兴到笔运，如骤雨旋风，圆转飞动，虽变化而法度具备。书风丰腴遒美，含有"飞鸟出林，惊蛇入草"的天趣。

　　怀素的晚年创作渐从激越飞扬趋于稳健安雅，运笔结体尤多内蕴。此帖标志了怀素中年以后直至晚年的基本风貌。清吴其贞《书画记》评："书法秀健，结构舒畅，为素师超妙入神之书。"此帖经北宋宣和、南宋绍兴内府递藏，为传世稀有的怀素手迹。

—— 日积月累 ——

怀素

　　怀素在唐代书坛享有崇高地位，时人评其草书有"惊蛇走虺（huǐ）、骤雨狂风"之势，与张旭齐名，素有"颠张狂素，以狂继颠"之称。

草书二行：

"苦笋及茗异常佳，
乃可径来。怀素上。"

元 赵孟頫《行书杜甫秋兴诗》卷

纸本 | 纵 23.5cm 横 261.5cm

此卷书杜甫《秋兴》八首。根据款署可知书于元至元十九年（1282）前后，作者时年28岁左右。此书用笔细腻，结体端庄秀逸，笔圆墨润，筋丰骨健，给人以气定神闲、虚和宛朗的美感。

日积月累

赵孟頫

赵孟頫是元代书坛盟主，影响巨大。其最大功绩是推崇古法、追溯晋唐，使元代书法风貌及创作理念回归到晋唐之轨。他善篆、隶、真、行、草书，尤以楷、行书著称于世，其书风遒媚、秀逸，结体严整，笔法圆熟，世称"赵体"。赵孟頫与颜真卿、柳公权、欧阳询并称为楷书"四大家"。

明 祝允明《草书文赋》卷

纸本 | 纵 30.5cm 横 465.9cm

《文赋》为西晋陆机的代表作，历代书家多喜书之。此卷笔法精熟，恣肆纵逸，气势雄健。吴门书派诸家中，以祝允明成就最高，明王世贞有云："天下法书归吾吴，而祝京兆允明为最。"他的此类创作得法于唐代张旭、怀素两家，同时也受"宋四家"中黄庭坚的影响，但相形之下愈加狂放烂漫。同朝书家莫是龙称其"自是我朝第一手耳"！

日积月累

祝允明

祝允明与唐寅、文徵明、徐祯卿齐名，为"吴中四才子"之一，是"吴门书派"的先驱式人物。

祝允明擅于各种书体，涉猎广博，才分自高，其书法直接晋唐宋元，融会贯通之下独立高标。尤其是他50岁之后的草书之作，更是出神入化。

朱克柔缂丝
莲塘乳鸭图

镇馆之宝

资料卡	
纵	107.5cm
横	108.8cm
制作时间	南宋

　　莲花盛开的池塘中，以游戏争食的母鸭为中心，岸边的白鹭和翠鸟与之相映成趣，蜻蜓飞舞，草虫唧唧，游禽、飞鸟、草虫、花卉等自然生态和奇山怪石、潺潺流水等自然景色浑然结合在一起，可谓是巧夺天工，精湛绝伦。

　　全幅以彩色丝线缂织而成，画幅极大，色彩丰富，丝缕细密适宜，层次分明，是朱克柔缂丝画的杰作。

缂（kè）丝是什么？

缂丝是织造工艺中的一种。织造是指将经、纬纱线在织机上相互交织成织物的过程。缂丝则是指以生丝作经线，各色熟丝作纬线，用通经回纬的方法织造。织造工艺里面，唯缂丝工艺最灵活变通，不受限于花样程序，能给兼具深厚绘画修养和女工技艺的缂丝艺术家一个更为广阔的创作空间，这也是缂丝能步入艺术殿堂的根本原因。

缂织工艺的传入应始自唐，随回鹘（hú）人进入中原，北宋始由汉人工匠习得并用于实用品，在文思院"克丝作"中逐步由单纯制作包首等高规格吉瑞图案缂丝品向绘画艺术过渡，发展为宋徽宗时期院体画风格的花鸟题材缂丝品。两宋之际，缂丝工艺传至江南，以江浙两地为盛。南宋初期出现了朱克柔和沈子蕃两位名家，他们的缂丝作品脱离工匠织造的范畴，不单以精细准确为标准，更注重追求摹画神韵的艺术创作。

缂丝艺术家朱克柔

青色的湖石上缂织有"江东朱刚制莲塘乳鸭图"款并"克柔"朱文印，可知作者名刚，字克柔。江东，指长江芜湖至南京以南地区，主要指江苏南部和上海地区。根据此图与另一件作

品《缂丝山茶蛱蝶图》的款识和对题，可以梳理出作者大致的生平情况。《缂丝山茶蛱蝶图》（辽宁省博物馆藏），明人文从简写对题："朱克柔，云间人，宋思陵时，以女工行世。""云间"即今上海松江，"宋思陵"即南宋高宗赵构，由此可推知朱克柔是南宋人，活跃在高宗时期。文从简是文徵明的曾孙，出身于苏州文人世家，善书画，对苏州地区文化艺术颇为了解，故其关于朱克柔的记录可信度较高。

见微知著

池塘边"透、漏、皱、瘦"的太湖石以古朴的青灰色和清奇古怪的形状占据整图的左上角。

坡岸青石，质感凝重，周围白莲、慈菇、荷花、萱草等花草环绕，色彩雅丽，线条精谨，生趣盎然。所有花卉虫鸟都极为写实，应以实景写生而成。各种动植物大小体型比例逼真。根据乳鸭大小以及莲塘周围花卉的花期可推定为6月底至7月初的春末初夏之景。

快看 初夏的池塘。

池塘中有绿头鸭一对（①）、乳鸭一对（②）、白鹭一对（③）、燕子一只（④）、翠鸟一只（⑤）、红蜻蜓一只（⑥）、水黾（mǐn）一对（⑦）。整幅图中的花卉或并蒂或结子（双数），禽鸟亦成对，包括微小的水黾也是一对（靠近上方的翠鸟、蜻蜓及燕子和靠近右侧浮萍位置的白莲虽为独只/朵，推测同样的另一只/朵是被裁掉了），根据画面选题，可推测所有动植物都应是成双成对，象征夫妻和合、多子多福的吉瑞寓意。

一对白鹭　　一对绿头鸭　　一对水黾

图中植物都为水生或沼生，喜温暖潮湿的环境，莲塘和坡地上的植物都属于观赏性的花卉，有荷花、白莲、木芙蓉、萱草、慈菇、石竹、白百合、芦苇、玉簪等，应为人工造景。

何为顾绣？

顾绣是明万历年间由上海顾名世家族女眷首创的艺术性画绣。顾氏为当时海上望族，一门进士，家中常有诗酒之会、翰墨之集。

以韩希孟为代表的顾家绣女，以花鸟、人物题材为主，讲究"天晴日霁，鸟悦花芬，摄取眼前灵活之气，刺入吴绫"，不仅能再现前人画本，深得笔墨情趣，又直接向大自然取法，作品富有浓郁的生活气息。

自唐宋以来，上海所在江南地区逐渐发展成国家的经济中心，至明代更有"财赋之重，首称江南，而江南之重，惟苏松为最"之说。发达的经济助力文化兴盛，上海成为人文荟萃之地，晚明时期以董其昌为代表的"华亭派"更是对后世中国绘画产生了极大的影响，韩希孟丈夫顾寿潜即为董其昌的入室弟子，因此顾绣有着充分的人文环境滋养。

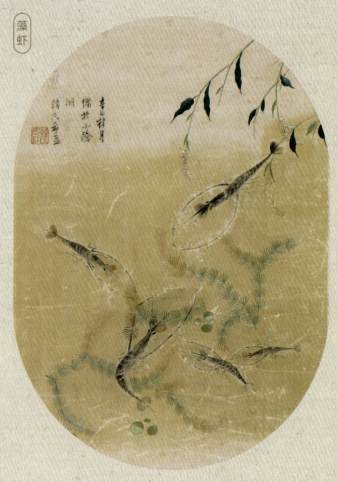

藻虾

络纬鸣秋

明 韩希孟 顾绣花卉虫鱼册

（每页）纵30.3cm 横23.9cm

韩希孟，明嘉靖进士顾名世的孙媳，顾寿潜（字旅仙）之妻，居上海。善画花卉，工刺绣，所绘绣宋元画家真迹，最为传神，多用朱绣名款，传世作品较多，为世所珍，称为"韩媛绣"。

绫地彩绣《花卉鱼虫》册页，四开，分别为《湖石花蝶》《络纬鸣秋》《游鱼》和《藻虾》，主要针法有掺针、施（毛）针、旋针、斜缠针、滚针和打籽针等。所绣均为池边生趣的秋色小景。图中花虫鱼虾都是水生野长，于平常中见雅致，将不起眼的一草一花，昆虫鱼虾的一惊一乍、欢喜与争斗的瞬间活灵活现地绣出，天真烂漫。

董其昌为此册题跋，称赞道：人巧极，天工错，奇矣！奇矣！

精妙的针法

韩希孟发明了掺针，掺针可以绣出更加复杂并且变化多端的色彩。她又领悟出了施针，施针可以绣出画面的绒毛感。这些针法影响了清中后期四大名绣的形成。

四大名绣

蜀绣　苏绣　粤绣　湘绣

游鱼

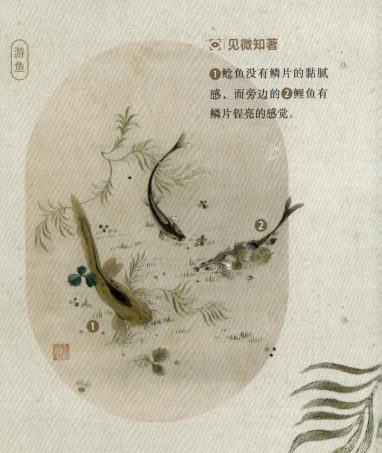

见微知著

❶鲶鱼没有鳞片的黏腻感，而旁边的❷鲤鱼有鳞片锃亮的感觉。

日积月累

掺针

也称"参针"，指在一个颜色的绣面里掺入另一个颜色以形成颜色的混合和过渡。

由绿到浅黄的过渡，
叶片更有真实而丰富的质感。

施针

中国刺绣传统针法之一。适用于绣制人物、动物和飞禽。用稀针分层逐步加密，便于镶色。丝理转折自然，线条组织灵活。

白色蝴蝶的鳞毛状态逼真，甚至让人感觉它扑棱几下，会有荧光粉掉下来。

巧妙的留白艺术

花卉虫鱼皆以实景写生而成，细微之处针锋的留白更是令人称绝。韩希孟用不绣来体现它们的灵动，刺绣的底稿上面，不绣满反而更具通透感，并以此来表现花瓣的轻盈、游鱼在光影中穿行的微闪。

湖石花蝶

中国古代玉器

中国素有"玉石之国"的美誉，不仅在世界上最早制作和使用玉器，而且将玉与宗教、政治和人性相结合，因此中国玉器不仅是装饰品，也是财富、权力的象征，更是统治者祭祀天地、沟通神灵的法物，是死者辟邪殓葬的灵器。

上海博物馆以丰富的馆藏玉器珍品，完整呈现了中国玉器发展史。

见微知著

平顶冠

菱形眼

宽鼻

阔嘴

手置胸前

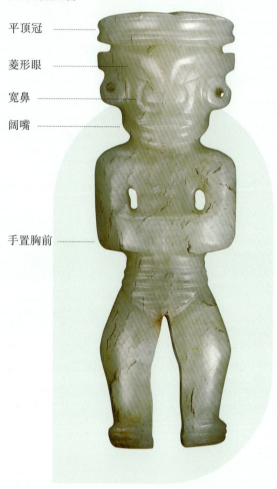

石家河文化玉神人

新石器时代 ｜ 高 10.3cm

石家河文化出土玉人多是人首造型，上海博物馆收藏的这件玉神人是传世品，海内外目前仅此一件全身人像。玉人头戴平顶冠，菱形眼，宽鼻，阔嘴，两耳戴饰环，双手置于胸前，表情庄重，一般认为这是古代巫师正在做法、通神的形象。

日积月累

石家河文化

石家河文化距今4500—4200年，主要分布在长江中游的江汉流域，因出土小型精致的玉器而备受关注。玉人头、玉鹰、玉虎头和玉蝉等属于石家河文化玉器中的精华。这些玉器大多出土于成人瓮棺之中，显示石家河先民具有特殊的原始宗教信仰。

石家河文化玉器工艺上最突出的特点是剔地阳纹，工序繁多，工艺复杂，可与著称于世的良渚文化玉器和红山文化玉器相媲美，有些工艺难度还有过之。

良渚文化瑁钺镦组合玉权杖

新石器时代 ｜ 钺　高 15.9cm　刃宽 10cm　瑁　高 4cm　长 9.3cm
　　　　　　镦　高 2.6cm　长 7.5cm

此瑁、钺（yuè）、镦（duì）组合玉权杖出土于上海青浦福泉山遗址，是墓主人权力的象征。

玉钺是由生产工具石斧发展演变而来，为军事指挥权的象征，最早始于崧（sōng）泽文化的石钺。至良渚文化时期，玉钺与玉琮、玉璧一起构成了用玉制度的核心，是显贵者阶层特定身份地位的玉质指示物。良渚文化时期，部落首领既是军事首领又是宗教领袖，集军权、神权于一身，瑁钺镦组合玉权杖则是首领权力的象征。

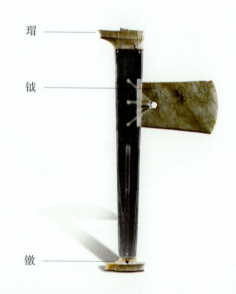

瑁

钺

镦

石家河文化鹰攫人首玉佩

新石器时代 | 高 10.2cm 宽 4.9cm

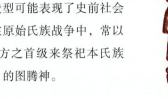

玉佩的主体是一只镂刻的大鹰，背上站立一只小鹰，大鹰足爪攫（jué）一人首。这个造型可能表现了史前社会的杀祭风俗，在原始氏族战争中，常以敌方之首级来祭祀本氏族的图腾神。

鹰攫人首玉佩拓片

人首

玉虎

商代晚期 | 长 9.6cm

快看! 昂首卷尾之奔跑状颇为生动。

商周时期的佩玉以动物造型最为常见，形制特征比较明显，多为片雕，圆雕较少，刻画简练，善于抓住对象瞬间的动感，神态逼真。

本件玉虎为片雕，眼部穿孔，虎口微张，足部蹬地，尾部上翘并蜷曲成孔。纹样采用双钩的方法以两条平行阴线进行刻划装饰，十分写实。商代玉器中的动物纹眼睛，以"臣"字目居多，与甲骨文和金文中的"臣"字相似，故名。

幎目缀玉

西周晚期 | （整体）长约 44cm 宽约 40cm

所谓"金玉在九窍，则死人为之不朽"，古人认为，以玉敛尸可使尸身不朽，能保来世再生。

幎（mì）目缀玉是古代上层贵族死后用来覆面的高级葬玉，俗称玉覆面。先将玉制成人的五官形状，再缝缀于方形的丝织品上，最后覆盖于死者的脸上。这种习俗从西周晚期开始一直延续到战国，汉代演变成玉衣制度，是两汉盛行的玉衣的滥觞，对研究葬玉制度的演变和发展有着重要意义。

兽面谷纹玉璧

汉 | 外径 23.1cm

玉璧两面纹饰相同，均以绳纹分隔内外两圈，内圈饰谷纹，外圈饰四组等距离兽面纹，兽面一首双身，躯体向两侧蜷曲。谷纹流行于战国时期，这种刻纹被广泛运用于各种器物上。此兽面谷纹玉璧主要盛行于战国晚期至西汉。

⊙ | 见微知著

—— 内圈饰谷纹。

—— 绳纹分隔内外两圈。

—— 四组等距离兽面纹。

白玉龙纹鲜卑头

晋 | 长 9.5cm 宽 6.5cm

此器玉质细腻温润，通体透雕一条蜿蜒蜷曲的蟠龙。龙形长首，长角，弯颈，躯身蟠曲，满饰鳞纹，细尾下卷，四肢各三爪。龙身上20余处小孔原用于镶嵌宝石，惜年代久远，宝石已全部遗失，但仍可以想象当年镶满宝石后的雍容华贵之美。器边框还有小孔若干，是当时与衮带缝缀之用。

器背镌刻铭文46字，自名"白玉衮带鲜卑头"，并记述其制作年代、制作机构、制作工时、监造官姓名等。结合制作精良、用料考究、造型华美的特点，推测其是晋代皇室用品。

日积月累

鲜卑头

"鲜卑头"是古代胡语带钩或带扣的音译，是当时社会对带钩或带扣的一种流行称谓，在众多史籍中都有记载。这件白玉龙纹鲜卑头被誉为独一无二的稀世珍品，是魏晋南北朝时期具有代表性的高等级玉器精品。

玉刚卯

东汉 | 高 2.1cm 每边长 1.1cm

汉代玉器延续了战国风格，如玉璧、玉璜等，同时也产生了一些新的器类，如刚卯和翁仲等。刚卯因于正月卯日制成而得名，与严卯、翁仲、玉胜等同为辟邪佩饰。

由于汉代社会谶（chèn）纬迷信风气盛行，人们身上多佩戴护身辟邪的器物。刚卯是四面刻字、中心处有贯孔的长方形柱状器，刚卯铭文大意为此物勇猛无敌，一切魑魅魍魉不敢来侵扰，佩者以之驱邪逐魅。

伎乐纹玉带

唐 | 长 3.6cm 宽 3.4cm（带銙11块，呈扁平方形）
长 5.4cm 宽 3.4cm（铊尾1块，呈圆首扁平长方形）

玉带始见于南北朝，是古代官员表示品级的玉饰，根据不同的级别使用不同材质的革带饰。陕西西安南郊何家村唐代窖藏曾出土10副玉带，十分珍贵。

唐代国力强盛，中西文化交流频繁，不少域外事物成为玉器装饰题材。此伎乐纹玉带，白玉质，由12块带板组成，其中铊尾1件、方形銙（kuǎ）11件，另有铜质带扣1件。带板正面以压地隐起的手法雕出深目高鼻、窄袖高靴的胡人乐伎形象，他们或翩翩起舞，或吹弹乐器，面部细节与衣褶线条流转利落，动作神态自然。背面平素，四角各有一牛鼻孔，供穿缀与革带连结。唐代胡人乐师颇多，"龟兹乐""西凉乐"风靡一时，带板图案正反映了这一历史情景。

螭纹玉牌

明 ｜ 长 3.4cm　宽 2.6cm

白玉质，扁长方形。双面浅浮雕蟠螭（pán chī）纹，造型各异。螭是龙的一种，象征吉祥，汉代以后与龙纹共同成为玉器上的主要装饰纹样之一。侧面饰"S"形纹，仿战国风格，并于间隙处作毛地，于同类器中少见。上端有环状提携，可穿绳系挂。虽出土时已略残，但玉质、琢工均属上乘。

莲鹭纹玉炉顶

元 ｜ 高 5cm　宽 4.6cm

古代香炉上常配有炉顶，即镶嵌在炉盖上的钮，既可作手握提盖之用，又可作装饰。此青玉炉顶采用透雕形式，加之椭圆形平面底部有四孔，可以让炉内香气袅袅散发出来。纹饰为莲鹭纹，枝叶繁茂的莲花并莲叶、芦草丛中，几只鹭鸶或嬉戏或觅食。"鹭"与"路"、"莲"与"连"同音，芦草连棵生长，"连棵"与"连科"同音，寓意"一路连科"，是古代祝颂科举考试连续考中的吉祥图案。

> ── 日积月累 ──
>
> **玉牌**
>
> 　　玉牌是明清时期十分流行的男子佩件，多单件使用，纹样可见瑞兽、花鸟、山水、人物、诗文等。清代推崇明代琢玉大师陆子刚，玉牌常托款"子刚"或"子冈"。尤其是那些一面装饰山水人物纹、另一面装饰诗文的玉牌，书卷气息浓厚，深受文人士大夫喜爱。直至今日，玉牌仍被世人青睐，成为不分性别的常见玉饰件。

三螭纹玉觚

清乾隆 ｜ 高 20.6cm

三螭纹玉觚（gū）的原料是一块新疆和田出产的上品黄玉，洁净无瑕。整器作菱花形喇叭状，上下饰莲瓣纹，中部鼓腹上浮雕三条各具形态的蟠螭纹，底足内阴刻"乾隆年制"篆书款。

明清仿古玉器多仿商周青铜彝器，但又与青铜器有所不同，是艺术的再创造。青铜觚本为酒器，以玉仿制后一般用于插花，称之为花觚。

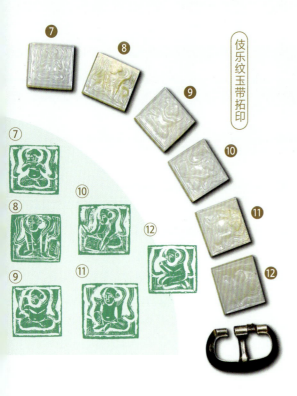

伎乐纹玉带拓印

> ── 日积月累 ──
>
> **明清玉器**
>
> 　　清代玉器被认为是古代玉器发展的顶峰，尤其是乾隆时期，由于国力雄厚、社会稳定、玉料充足，制玉工艺集历代之大成，质佳工精，一般称之为乾隆玉或是乾隆工。

中国古代陶瓷

中国古代各类工艺品中，陶瓷在生产持续时间、普及程度、品种的多样化及对世界的影响等方面都最为突出。上海博物馆藏瓷器具有十分重要的代表性，可以折射出一部比较完备的中国瓷器发展史。

示意图

良渚文化黑陶高柄盖罐

新石器时代 | 通高 21.7cm　腹径 15.7cm

良渚文化陶器以灰胎泥质黑衣陶最为典型，表面光亮细腻，造型规整别致，少数器物刻有精细流畅的花纹。

此器是良渚文化黑陶的精品，为泥质薄胎黑衣陶，器呈直口、广圆肩、扁圆腹、高圈足。罐口上覆一细长的高柄盖，高柄中间有一上下贯通的直孔，中段内弧，下部饰三道凸弦纹和镂孔。圈足上饰三组由弧线三角形与椭圆形镂孔组合的图案。陶罐器表漆黑光亮，并彩绘多道红褐色宽带纹。

青釉弦纹尊

商 | 高 18cm　口径 19.65cm
底径 9.9cm

这件原始瓷器模仿青铜器造型，胎呈灰白色，通体施青釉，釉色青翠，薄而透亮，足部无釉。器身饰弦纹和席纹，线条规整。此尊从器形到釉色，都显示出高贵气派，与殷墟商墓出土器物风格相同，是商代原始瓷的代表性作品。

越窑青釉海棠式碗

唐 | 高 10.8cm　口纵 23.3cm　口横 32.2cm

此器物模仿波斯萨珊王朝银质长杯造型，口沿作四棱花瓣状，俯视如一朵盛开的海棠花。通体施青釉，釉色青中闪黄，极为华美。海棠式碗为唐代新兴的造型风格，并且极为流行，在当时的金银器中也多有出现。

此碗器型大而规整，为传世越窑碗类中所少见，反映了唐代越窑制瓷工艺的高超水平。从浙江慈溪上林湖唐代越窑窑址看，海棠式碗在当时有一定的烧造量，但无论是出土品还是传世完整实物，类似这样的大碗均十分少见。

快看！ 俯视为海棠。

邢窑白釉穿带壶

唐 | 高 29.5cm　足径 13.5cm

此壶是邢窑白瓷的上乘之作。器身颀长，造型简洁端庄，釉色洁白，宁静淡雅，造型和釉色完整呈现了素雅大方的感觉，有一种平和之美。

日积月累

邢窑

邢窑是唐代著名瓷窑，在中国陶瓷史上有重要地位，形成与南方越窑分庭抗礼的局面。唐代陆羽《茶经》说邢瓷的釉色"类银""类雪"，李肇（zhào）《国史补》中又有"内丘白瓷瓯（ōu），端溪紫石砚，天下无贵贱通用之"的评语，可见邢窑白瓷在唐人心目中的地位。

○ | 见微知著

前门紧闭。⋯⋯⋯

后门半开。⋯⋯⋯

白釉镂雕殿宇人物枕

五代 | 高 13.6cm 长 22.9cm 宽 18.4cm

瓷枕通体施白釉，釉面滋润，聚釉处呈淡水绿色，玻璃质感强，胎体细腻洁白。枕面作如意头形，其上刻满密而流畅的缠枝花卉纹，两侧微上翘，下承仿木结构建筑的宫殿形枕座，门窗斗拱、基址台阶均雕刻得形象逼真。殿宇前门紧闭，后门半开，一人侧立于门前，造型别致，独具匠心。

瓷枕在唐代已有所见，宋、金时广为流行，而如此镂雕殿宇式人物的瓷枕，则较为罕见。其胎质、釉色和精湛的雕塑技艺与五代至北宋早期的定窑瓷器的特征一致，国内收藏中仅见此一件。

○ | 见微知著

❶ 马的头部略小，脖颈粗壮强健，眼睛炯炯有神。

❷ 马尾挽成一个小髻。

❸ 马头部微微靠左，富有动感，为一匹栩栩如生、神形兼备的神骏宝马。

哥窑五足洗

南宋 | 高 9.2cm 口径 18.8cm

名列宋代五大名窑的哥窑，因窑址至今尚未发现而成为中国陶瓷史上的一大悬案。这件传世五足洗胎厚釉润，釉呈米黄色，釉面密布大小开片，黑色大开片和黄色小开片纵横交织，这种特殊的开片被古人称为"金丝铁线"。整件器物制作规整，造型端庄典雅，是传世哥窑瓷器的典型代表，五足洗目前在国内外收藏中仅见此一件。

彩色釉陶骑马女俑

唐 | 通高 42.9cm 马长 38.5cm

唐代彩色釉陶通常被称为唐三彩，以黄、绿、白三色最为常见。

这件彩色釉陶骑马女俑，造型准确，形象生动，写实逼真。马的头部略小，脖颈粗壮强健，眼睛炯炯有神，臀部精壮浑圆，腿胫细长。马的毛色雪白，马鬃梳剪整齐，马尾挽成一个小髻，鞍桥装饰极尽豪华。马头部微微靠左，富有动感，为一匹栩栩如生、神形兼备的神骏宝马。

整件陶俑色彩丰富，工艺精湛，代表了唐三彩制作的高端水准，也反映了唐代较为开放的社会风俗和生活状态，女性可以较为自由地踏春、骑马、出游等。

景德镇窑青花缠枝牡丹纹瓶

元 | 高 42.1cm 足径 14cm

此种瓶式被称为梅瓶，宋元时期已广为流传，是一种盛酒器，也可作为陈设物品，作插花之用。

此瓶通体绘青花纹饰，整体构图严谨繁密，主次分明，繁而不乱。青花呈色青翠浓艳，可见铁锈斑痕。这件梅瓶胎体坚实厚重，器形高大沉稳，纹饰线条柔和优美，土耳其托普卡珀宫藏有与此瓶造型、纹饰都极为相似的器物。

📷 见微知著

杂宝纹

缠枝莲花纹

缠枝牡丹纹

卷草纹

变形莲瓣纹

快看！三爪龙纹。

景德镇窑釉里红云龙纹双耳瓶

明洪武 | 高 45.5cm 足径 14.3cm

此瓶胎体厚重，器形高大。腹部绘贯穿一周的三爪龙纹，龙体态威猛、身体粗壮，头部的竖直毛发与前代不同。釉里红呈色偏黑，并不纯正。釉里红以氧化铜为呈色剂，氧化铜在高温中容易流动，颜色难以控制，烧制不好易造成"飞红"效果。

釉里红云龙纹双耳瓶存世仅两件，一件在上海博物馆，另一件在美国旧金山亚洲艺术博物馆。两件式样完全相同，仅龙纹的朝向不同，是罕见的明洪武官窑精品。釉里红瓷器在洪武时期被大量烧造，成为当时最为重要的瓷器品种之一。宣德以后，釉里红瓷器逐渐衰落，进而失传。

海鱼与海兽。
快看！

景德镇窑青花红彩海兽鱼涛纹高足碗

明宣德 | 高 9cm 口径 9.95cm

外壁满绘青花海水波涛纹，海水间以红彩绘海鱼和海兽，时隐时现。口内绘青花双弦纹一周，碗心青花双圈"大明宣德年制"楷书款。宣德一朝写款位置不固定，有"宣德年款遍器身"之说。

宣德青花红彩瓷器流传极少，此精品之作甚为珍贵。

景德镇窑青花云龙纹大缸

明正统 ｜ 高 65.5cm ｜ 口径 56.5cm

这是目前所知唯一一件传世完整的15世纪中期由景德镇官窑生产的大缸。缸口微内敛，口沿圆润，肩部鼓出，腹下部渐收，足微敛，平底。纹样以青花描绘而成，口沿下施卷草纹，肩及胫部饰变形莲瓣纹，腹部满绘双龙戏珠图案。双龙为五爪龙，昂首曲颈，怒目圆睁，鬃发飞扬，四肢健硕，五爪呈风车状张开，间以火珠祥云，气势恢宏。

日积月累

大龙缸

大龙缸的制作极费工料，据文献记载，光是造坯就需要一个月时间，一窑每次只能烧一口大缸，烧制时间也长。而且因为大龙缸体量巨大，胎壁甚厚，烧成的比例也低，俗称"百不得五"。即便是成品，亦无法避免有些瑕疵。1988年景德镇御窑遗址曾出土不少龙缸残片，但如此体量的传世明正统大龙缸，目前似仅见此例，弥足珍贵。

景德镇窑粉彩蝠桃纹瓶

清雍正 ｜ 高 39.5cm ｜ 足径 12.5cm

瓶体白净的外壁以粉彩绘桃枝一双，遒劲盘亘，有力地向四周伸张。枝上绘寿桃八只，圆润饱满，色彩过渡自然，极为可爱。枝梢点缀桃花，花蕾含苞。桃叶施绿彩，正反阴阳，一浅一深，节奏鲜明。桃枝之间绘一对飞舞的蝙蝠。这种将蝙蝠与寿桃相结合的装饰图案在清代极为流行，取"福寿双全"之寓意。瓶底有青花"大清雍正年制"两行六字双圈楷书款。

快看！ 寿桃和蝙蝠。

粉彩创烧于清康熙晚期，在五彩的基础上发展而来，雍正时非常盛行。瓶两头冒尖，中间圆润，形似橄榄，虽历朝也有，但雍正期造型为最，传世多见青花，粉彩仅此一件，非常珍贵。

上海博物馆的其他瑰宝

释迦牟尼佛石像
北齐 | 高 164cm 宽 62cm

释迦牟尼佛面相丰润端庄，微露笑意，结跏趺（jiā fū）坐于极为少见的双重莲花座上。这尊释迦牟尼佛石像既散发着浓重的外来宗教气息，又体现了造型艺术的美，成功将宗教和艺术糅合在一起。

"河间王玺"封泥
西汉 | 纵 3.25cm 横 3.4cm

在纸张未普遍使用的时代，文书多写在竹木简上，为防传递时被私拆，就在结扎处加封印记，这种钤（qián）有印文的泥团被称为"封泥"。"河间王玺"封泥是西汉钤印封物留下的遗迹，保存了西汉河间王玺的印文原貌，是存世稀见的珍品。河间王刘辟疆为汉初分封的同姓诸侯王，汉代帝、后、诸侯王印文自名为"玺"。

何震 "笑谈间气吐霓虹"石章
明 | 纵 4.05cm 横 3.9cm 高 7.1cm

"笑谈间气吐霓虹"是何震存世屈指可数的篆刻原石之一，作品用刀挺劲，起收笔刀痕显露，笔画具有猛利效果，气势磅礴，篆法沉着，个性十分强烈。此印印主为明代文人朱之蕃，寓意笑谈间流露的才华如霓虹般美妙。

建武十七年（41）五铢铜母范
东汉 | 纵 13.4cm 横 8.3cm 高 1.4cm

盘形，中心有圆形浇道，两侧与钱模相连，范内有定位榫，使合范准确。内有钱形正背各四枚，钱体规整，制作精美。范背有十字形加强筋及铭文，准确记载了帝王纪年、制作时间、铸钱属官、工匠姓名，对于研究东汉币制沿袭及铸造工艺等具有重要学术价值。

大清宝钞百千文
清 | 纵 25cm 横 16cm

大清宝钞始发于清咸丰三年（1853），以制钱为单位，与户部官票相辅而行，因可兑换铜钱又称为"钱钞"，至同治初年停用。此大清宝钞发行于咸丰七年（1857），面额为百千文，存世极少。

朱缨竹雕刘阮入天台香筒
明 | 高 16.5cm 径 3.7cm

此香筒 1966 年出土于上海宝山顾村明朱守诚夫妇墓，筒身图案以六朝志怪小说《幽明录》所载东汉时刘晨、阮肇入天台遇神仙的故事为题材创作，其上有明代嘉定竹刻名家朱缨的款识。朱缨以雕刻人物见长，传世作品极少。

黄花梨木圆后背交椅
明 | 高 112cm 长 70cm 宽 46.5cm

此交椅取材黄花梨木，靠背以攒框镶板方式制成，上为透雕螭纹，中为透雕麒麟山石，下为云头亮脚。构件交接部位镶有白铜饰件，兼加固和装饰作用。此类交椅通常设于厅堂中的显著位置，有凌驾四座之势，是身份和地位的象征。此椅是明式家具中的代表性作品。

康熙御制双螭纹松花石砚
清 | 长 7.7cm 宽 4.8cm 连盖高 2.2cm

砚为绿、紫双色松花石，周身刻纹精细繁复，鬼斧神工。
松花石材可分两类，即松花石与桥头石，清人未细分此二种石类，均名之松花石。桥头石产于辽宁本溪桥头镇，通体色泽均匀，或绿、或紫、或黄，上品者多色相迭，此砚即为桥头松花石。

剔红东篱采菊图圆盒
元 | 高 3.9cm 径 12cm

盒呈圆形，平顶，直壁，子母口。外髹（xiū）枣红色漆，盒内及底部髹黑漆。盒面中心雕一老者戴风帽、着袍服，策杖而行，仆童双手捧一盆盛开的菊花随行。以行云流水般的曲线做锦地，布满空间。整个画面表现的是陶渊明"采菊东篱下，悠然见南山"的意境。